NOTES

SUR

LE THÉATRE DES OPÉRATIONS MILITAIRES

DANS LE

CENTRE DE L'ALGÉRIE.

EXTRAIT DU SPECTATEUR MILITAIRE.

(15 Avril 1840.)

IMPRIMERIE DE BOURGOGNE ET MARTINET,
rue Jacob, 30.

NOTES

SUR LE THÉATRE DES OPÉRATIONS MILITAIRES

DANS LE CENTRE DE L'ALGÉRIE.

La guerre va recommencer dans le centre de l'Algérie. Je n'ai pu obtenir la faveur de faire partie des expéditions. Je crois devoir présenter à mes camarades les notes et la carte que j'avais préparées pour cette guerre dès les premiers jours de décembre.

Depuis deux ans, la situation militaire de la Régence est changée, surtout dans les environs de la capitale. Il semble qu'un nouveau système doit être substitué à ceux qui ont été suivis jusqu'à ce jour.

Je suis le seul officier de l'armée qui ait eu l'occasion de reconnaître le bassin du Chélif, et pendant huit ans j'ai fait la guerre dans les trois provinces. Je crois utile de présenter une description sommaire du territoire d'Alger, et je me permettrai d'ajouter quelques mots sur les opérations qui peuvent être entreprises dans le centre de la Régence.

DESCRIPTION SOMMAIRE DU TERRITOIRE D'ALGER.

Il serait inutile de s'occuper de la situation de la ville d'Alger, si des craintes n'avaient été conçues relativement à la sûreté de cette place ; elle est entourée de murailles solides, élevées de 8 à 10 mètres, et précédées d'un fossé, dont les escarpes ne sont pas toutes revêtues. Le point culminant de la ville serait le plus exposé, s'il n'était défendu par la Casbah, citadelle qui est construite en bonne maçonnerie.

Alger est bâtie en amphithéâtre sur les pentes d'un contre-fort, qui se déprime brusquement vers la mer. La forme de l'enceinte est triangulaire, le côté qui touche au rivage se trouve assuré par ses batteries. Le port a très peu d'étendue ; il doit être agrandi. Les forts de Bab-Azoun, de l'Empereur et des Vingt-Quatre Heures, peu éloignés de la ville, couvrent ses approches.

Dans l'Algérie, la population européenne est de 22,300 habitants. La province d'Alger en possède 14,000, dont 7,000 sont Français ; le reste se compose d'Espagnols, d'Italiens, d'Allemands et d'Anglais d'origine maltaise.

La moitié des Européens demeure dans Alger ; presque tous les Maltais y résident. Ceux-ci sont suspects et dangereux.

Les indigènes sont des musulmans et des israélites.

On pourrait admettre ces derniers, au moins les jeunes gens, dans les rangs de la milice. Les Maures comprennent 12,000 individus, et les israélites 7 ou 8,000. Si les menées hostiles des Maures ne sont pas dangereuses, les dispositions amicales des israélites ne sont guère profitables. Les Arabes et les Kabaïles, au service des Maures, seraient plus redoutables que leurs maîtres.

MASSIF D'ALGER

En avant d'Alger s'élève un massif de collines, qui, coupé de vallées profondes, sépare la ville de la Métidja. Dans la direction de la Maison-Carrée à l'est, le massif a trois lieues de largeur; vers Douéra au sud, il en a cinq et demie; et huit à l'ouest, jusqu'au Mazafran.

La banlieue d'Alger, autrefois couverte de maisons de plaisance, est maintenant habitée par 4,000 Européens. Les Maures occupent plus particulièrement les appendices du mont Bouzaria. La population du massif, qui a 28 lieues carrées, est de 8 à 10,000 habitants. Les indigènes comptent pour plus de la moitié; ils ne sont nuisibles que par leurs relations avec les Arabes de l'intérieur.

C'est dans le massif d'Alger seulement qu'on eût dû faire les premiers essais de colonisation, au moyen de plantations de mûriers et d'oliviers.

Il a été question de protéger le massif par un canal qui, tracé au pied des collines, unirait l'Haratch au Mazafran, rapprochés dans la partie moyenne de leur cours. On regrette aujourd'hui que ce canal n'ait pas été creusé; il eût assaini le pays, et mis les habitants d'Alger à couvert des incursions de nos ennemis.

MÉTIDJA.

La Métidja a 25 lieues de longueur de l'est à l'ouest, et 5 à 6 lieues de largeur. Cette plaine est sillonnée par des rivières, des ruisseaux marécageux et des ravins profonds.

Les routes que nous avons construites, dans le massif d'Alger et dans la Métidja, sont seules praticables pour l'artillerie de campagne.

Cette plaine est habitée par 4 à 5,000 Arabes cultivateurs. On ne peut pas dire que les Européens en aient pris encore possession. Leurs exploitations de peu d'importance, placées çà et là, ne doivent être considérées que comme des essais agricoles. Il faut excepter toutefois trois ou quatre établissements qui avaient pris une grande extension. Le bassin de l'Haratch a reçu les premiers cultivateurs européens. Sa réputation de fertilité a fait oublier qu'il était le plus insalubre. A peine si un millier de colons ont occupé tout l'espace compris entre Blida et le Fondouk (15 à 16 lieues). Parmi ces cultivateurs, on doit encore comprendre les 2 ou 300 qui sont autour de Boufarik et près des autres camps.

On a proposé d'entourer la plaine d'une muraille, afin de protéger la colonisation contre les entreprises hostiles et toujours imminentes des Arabes. Si nous pouvions espérer d'obtenir ce résultat, je préférerais *un canal;* on trouverait des facilités pour l'établir, et il serait avantageux à la défense, à la colonisation et à l'assainissement de la plaine.

ATLAS.

Les extrémités des contre-forts escarpés de l'Atlas bornent trois côtés de la Métidja. Le littoral (ou le Sahel) est seul en notre possession, au moyen de nos postes et de notre marine. La hauteur des contre-forts de l'Atlas varie de 1,000 à 1,500 mètres. Ils sont généralement rocheux et couverts de bois. La chaîne à laquelle ils se rattachent et qui est à une quinzaine de lieues de la Métidja, court de l'est à l'ouest, au sud de Hamza et de Médéah.

Les vallées et les flancs des montagnes sont à peine praticables pour des mulets. La route de Médéah est la seule que nous ayons améliorée sur le versant nord de Téniah.

Aux deux extrémités de la Métidja, au sud de Delys et de Cherchel, les pays de l'est et de l'ouest deviennent montueux et boisés. Là habitent les Kabaïles, qui ne combattent guère que pour la défense de leurs foyers.

Les montagnes au sud d'Alger, peuplées d'Arabes, n'ont encore reçu qu'un seul établissement colonial, celui de M. Tonac, dans Aïn-Gadra, au pied du mont Zerouela.

Les hauteurs qui bordent la Métidja ne peuvent servir de ligne défensive; on y trouve alternativement le fond des vallées et de très grands soulèvements; mais c'est une limite qui, sous le rapport politique, peut être prise en considération.

Le revers méridional de l'Atlas ne présente des plaines continues que sur les bords du Chélif. Le sol est largement ondulé, et la terre souvent argileuse; les bois y sont aussi rares que fréquents sur l'Atlas. Les fonds des vallées sont seuls cultivés. On trouve peu de Kabaïles dans ce pays, habité par des Arabes, et qui confine au désert.

OCCUPATION MILITAIRE DU TERRITOIRE D'ALGER.

Le traité de la Tafna ne nous avait laissé que les deux tiers de la Métidja, entre le Kaddara et la Chiffa. La ville d'Alger, qui est à égale distance de ces deux rivières, ne se trouve pas également éloignée des extrémités de la plaine. Cette circonstance, qui peut avoir déterminé les limites du traité de la Tafna, est favorable dans ce moment à la centralisation de la défense.

PREMIÈRE ET DEUXIÈME LIGNES. — POSTES AVANCÉS.

Une ceinture de postes ayant une étendue de 30 lieues de longueur protège notre territoire. Elle est formée par les sept camps principaux de Kara-Mustapha, Fondouk, l'Arba, l'Haratch, Blidah, l'Alleg et Koléah.

Les deux points extrêmes de cette ligne de camps sont éloignés de 16 lieues, de l'est à l'ouest. Quelques uns de ces postes sont avantageusement situés, sous le rapport de la défense immédiate et de la salubrité, mais ils ne peuvent être liés entre eux; des distances fort inégales les séparent. Celui de l'Arba est à 5 lieues du Fondouk et à 2 lieues de l'Haratch.

Boufarik, comme position centrale, soutient et approvisionne les postes de l'Ouest. La Maison-Carrée appuie et alimente les camps de l'Est.

En formant cette ligne avancée, on a eu seulement pour but de prendre possession du terrain que le traité de la Tafna laissait à la France.

Une deuxième ligne de défense est composée des postes établis sur le massif d'Alger, ce sont : Maelma, Douera, la Ferme-Modèle, Dely-Ibrahim et Kouba; ils ont été construits sans projet arrêté, et à mesure que l'on s'est avancé dans le pays; ils protègent le massif et la ville d'Alger.

SYSTÈME DES FORTIFICATIONS.

En général, le système de fortification provisionnelle adopté en Afrique, consiste à tracer une enceinte plus ou moins vaste, suivant l'importance de la position, avec un réduit pour 3 ou 400 hommes. Cette disposition serait efficace, si les réduits avaient beaucoup moins d'étendue; mais on leur a donné celle que les camps seuls devraient prendre.

Le profil et le relief des ouvrages ont une forte dimension, afin d'obtenir une grande profondeur de fossé et d'abriter les défenseurs du feu des cavaliers ennemis.

TROUPES NÉCESSAIRES A LA DÉFENSE DU TERRITOIRE.

On a compté qu'il fallait au moins 5,000 soldats valides pour défendre seulement les postes avancés, qui présentent plus de 5,200 mètres de longueur de parapet. 5,000 hommes ont été jugés indispensables pour faire le service dans le massif, et pourvoir à la sûreté des convois, à la garde des positions centrales de Boufarik et de la Maison-Carrée. Enfin 5,000 hommes devraient être employés à garder Alger et à défendre les camps et les blockaus situés dans le massif. Ce sont alors 15,000 soldats valides à retrancher des forces mobiles, qui formeraient le corps expéditionnaire.

DES OPÉRATIONS OFFENSIVES.

Nous occupons, en-deçà de l'Atlas, Blidah et Koléah : Médéah et Milianah, situées au delà des montagnes, sont au pouvoir d'Abd-el-Kader ; ainsi que deux villes maritimes, à égale distance d'Alger ; Delys à l'est, Cherchel à l'ouest. Ces dernières sont adossées à des collines escarpées ; leur commerce est peu étendu ; elles n'ont aucune sorte d'importance. On pourrait y aller par mer ou par terre. Les contreforts qui les séparent de la Métidja présentent de faibles obstacles.

ÉPOQUES FAVORABLES AUX OPÉRATIONS.

L'époque la plus favorable pour nos opérations ne dure généralement qu'une quarantaine de jours, à compter du 1ᵉʳ mai. Alors les chaleurs ne sont pas excessives, les moissons couvrent la terre, les herbes pour les chevaux ne sont pas desséchées et se coupent facilement, les sources coulent encore. Si les Arabes ne se soumettent pas par la crainte de voir détruire leurs moissons, ils ne s'en éloigneront pas tous pour venir nous combattre.

Le temps le plus convenable aux indigènes pour faire la guerre, est après la récolte, en juillet, août et septembre. Leur moisson est coupée et en sûreté. Ils possèdent des grains pour eux et leurs chevaux ; car ils savent où sont cachés les pailles et les silos de blé. Les figuiers de Barbarie donnent en abondance des fruits dont se nourrissent les Arabes.

COMMUNICATIONS.

Dans quelque direction que l'on veuille se porter, en sortant d'Alger, pour marcher actuellement contre Abd-el-Kader, il faut traverser des montagnes. On sent quelle importance prennent les vallées praticables, les cols accessibles et les chemins qui les franchissent.

A l'est trois chemins conduisent dans la vallée de l'Isser, ce sont :

1° Celui qui longe le bord de la mer, par Aïn Cherob-o-Eurob; il a été rendu praticable pour l'artillerie de campagne.

2° Le chemin du col de Beni-Aïcha qui, traversant plusieurs vallées profondes, est seulement accessible aux pièces de montagne. Ces deux communications conduisent aux forts de Sebaoue et à Delys.

3° Le chemin de Hamza, le même que celui de Constantine, est beaucoup plus accidenté que les précédents; il traverse au col de Aïn Sultan les monts Hammel de 1,000^m d'élévation; l'artillerie de montagne a pu seule y passer (1).

Les vallées au sud d'Alger paraissent moins praticables que les communications de l'est. Elles n'ont encore été reconnues qu'au débouché des montagnes. La vallée de l'Hamise est la plus accessible, mais elle ne conduit vers aucun point intéressant.

(1) Des détails relatifs à la province de Constantine, se trouvent dans un Mémoire de 1836.

Les gorges du Oued Djema ne sont praticables que pour l'infanterie.

La vallée de l'Haratch, qui, dans son cours supérieur, s'appelle le Oued Lagra, conduit à Médéah, en faisant de grands détours. Lorsque la route ne franchit pas des cols élevés, elle est resserrée et dominée, pendant douze à treize lieues, par des montagnes de 12 à 1,500^m de hauteur. Des troupes sans bagages pourraient atteindre Médéah par ce chemin. Il est suivi par les Arabes lorsque le Téniah est intercepté par les Kabaïles de Mouzaïa.

La vallée de la Chiffa est favorable à l'établissement d'une communication avec Médéah ; mais on la dit impraticable. En effet, les Arabes n'y passent jamais, et les habitants de Blidah montent par les cimes de Beni Salah (1,400^m), quand ils se rendent directement à Médéah.

Le col de Mouzaïa (le Téniah), qui conduit à Médéah, et que l'armée a souvent traversé, sera l'objet d'une mention particulière.

Vers l'ouest, on trouve la vallée du Oued-Ger que suit le chemin de Milianah ; elle est très resserrée par des montagnes couvertes de bois et remplie d'obstacles. On peut tourner, par l'ouest, ce passage difficile ; mais le chemin n'est guère préférable.

A l'occident, les montagnes de Beni Menad et des Beni Menacer, moins élevées que les précédentes, n'offrent pas autant de difficultés. Les sentiers qui les parcourent ne conduisent vers aucun lieu important, excepté celui de Cherchel, tracé près du littoral.

Une observation générale et fort importante s'applique aux montagnes les plus élevées; elles sont accessibles à l'infanterie, et même, avec quelques précautions, aux obusiers portés à dos de mulet. En mai 1831, nos troupes ont gravi le mont Beni Salah, défendu par des Kabaïles ; un brouillard épais a seul arrêté leur marche.

DEUX SYSTÈMES PRINCIPAUX.

Le choix du système d'opérations à suivre contre l'émir présente de grandes difficultés. Je ne me permettrais pas d'aborder une question aussi grave, si je n'avais pas été à même de parcourir le pays où la guerre doit se porter.

Deux systèmes d'opérations peuvent être adoptés. L'un consisterait à marcher contre Abd-el-Kader, à le poursuivre et à chercher les moyens de détruire ce qu'il appelle ses armées. Dans l'autre système, on occuperait les principaux points qui servent de fondement à sa puissance. Alors on aurait à choisir entre deux partis. — Traiter les habitants des villes comme on l'a fait en 1831 et 1836, leur laisser une administration musulmane ; ou, *à titre de représailles*, détruire ces villes et menacer du même sort toutes celles qui reconnaîtraient la souveraineté d'Abd-el-Kader, ou qui armeraient contre la France.

PREMIER SYSTÈME. — POURSUITE DE L'ÉMIR.

Lorsque le corps d'expédition formé contre Abd-el-Kader se portera sur la position que l'émir occupera momentanément, celui-ci se repliera probablement devant des forces contre lesquelles il ne peut lutter. Si on s'obstine à le poursuivre, il se retirera dans le désert.

Jetons un coup d'œil sur le pays qui s'étend au-delà

de l'Atlas. Pendant deux ou trois marches on peut espérer de trouver de l'eau dans les vallées qui forment les versants de la Méditerranée. Plus loin s'étendent des pays arides, qui ne sont pas encore le désert, mais n'offrent pas de plus grandes ressources. L'eau et le bois y manquent presque entièrement. Les caravanes savent en découvrir quelque peu; une armée européenne en serait totalement privée. Abd-el-Kader portait de l'eau sur des chameaux quand il marchait vers Aïn Madi.

La poursuite de l'émir présente de grandes difficultés, en raison de la nature du pays, du caractère et des habitudes des peuples qui lui obéissent. Il faudra gravir les montagnes escarpées; franchir des vallées et des ravins abruptes; traverser des déserts, braver la faim, la soif, l'ardeur du soleil et la froideur des nuits.

PARALLÈLE ENTRE ABD-EL-KADER ET NOUS.

Avec notre organisation européenne, qu'il faudrait modifier en Afrique, on ne peut espérer d'atteindre, encore moins de détruire Abd-el-Kader, qui disparaîtrait devant nous. Le désert est son élément, l'irrégularité est sa force; notre puissance et notre élément sont nos formations militaires, et cette Méditerranée, qui met à portée de l'Algérie des troupes, des munitions, des vivres, enfin des forces navales. Abd-el-Kader le sait mieux que nous : « A vous, dit-il, la mer et les villes; à nous l'intérieur du pays, à nous le désert. » N'oublions pas nos situations respectives.

DEUXIÈME SYSTÈME. — OCCUPATION DES VILLES.

J'ai signalé un autre parti, qui consisterait à prendre les villes pour les détruire ou les conserver. Les avantages de ces deux dispositions se balancent et sont presque égaux; c'est aux décisions du gouvernement et au caractère du général en chef à déterminer, suivant les circonstances, les résolutions les plus convenables. Nous devons observer que les villes n'ont pas en Afrique la même importance qu'en Europe; d'ailleurs, nous pourrions bien les trouver désertes. Dans l'Algérie, ce ne sont pas les villes qui ont de l'influence sur les campagnes; les tribus qui les entourent leur en imposent. En occupant une ville, notre action ne s'étend qu'à la portée du canon, ou jusqu'au point que nous pourrons constamment atteindre avec nos troupes. Abd-el-Kader a sur nous cet avantage, que maîtrisant les Arabes par le fanatisme qu'il inspire et par les troupes qu'il solde, il peut toujours dominer les villes qui lui sont nécessaires pour établir ses magasins, préparer les munitions et confectionner les équipements. Il les choisit parce qu'elles étaient occupées par les Turcs, dont il prend en partie l'organisation. Il a relevé les ruines de Takadempt pour s'éloigner de nous, et frapper l'imagination des Arabes, en racontant que ses ancêtres régnaient sur un pays dont cette ville était la capitale. Cependant Aïn-Madi, au-delà d'un désert, à 70 lieues de nous, eût mieux rempli ses projets.

BASES ET BUT DES OPÉRATIONS.

Il faut se garder d'appliquer en Afrique les préceptes de la stratégie d'Europe; on doit les modifier suivant la différence du pays. Une expédition n'est pas une campagne; on part d'un centre d'action bien approvisionné pour marcher vers un point, l'atteindre, y séjourner et rejoindre celui d'où l'on est parti. Il faut s'assurer de la position autour de laquelle on manœuvre; c'est dans ce pays la base d'opération; le but est déterminé par les circonstances.

Les points les plus faciles à atteindre sont Médéah et Milianah, villes considérables pour le pays, résidences des lieutenants de l'émir, situées entre nous et le désert. Ensuite viennent Hamza et Mascara. Il resterait Takadempt, si l'on s'obstinait à pousser plus loin une guerre qui devient d'autant plus difficile et périlleuse qu'on pénètre plus avant dans le pays.

DÉTAILS DES OPÉRATIONS.

OPÉRATION SUR MÉDÉAH.

Le col de Teniah, qui franchit le petit Atlas perpendiculairement à sa direction et dans sa moindre largeur, permet de se porter sur Médéah et sur Milianah, villes situées à peu près à distance égale d'Alger. Le trajet est de 24 lieues; Milianah est plus éloigné seulement de 3 lieues.

En 1836, M. le maréchal Clauzel marchait sur cette dernière ville par le Téniah; il aurait descendu le revers méridional et traversé, en prenant à droite, le territoire découvert des Ouamri. On ne saurait proposer une meilleure disposition. Le Téniah y joue un grand rôle, puisqu'il dispense en quelque sorte d'occuper Médéah et Milianah; il devient la clef des manœuvres sur ces deux villes, et même vers les sources du bassin de la Métidja. Il est plus facile de parvenir sur ces derniers points en passant par Médéah que d'y arriver en remontant les vallées; on tournerait ainsi les escarpements qui dominent la plaine. M. le maréchal Valée a dû en partie ses succès de Stora et de Biban à ce qu'il a tourné et descendu les hauteurs, qu'il eût été dangereux d'attaquer de front.

Si de Médéah on voulait se porter sur Hamza, on traverserait un pays peu accidenté; l'armée serait à la région des sources de l'Haratch, de l'Hamise et de l'Isser.

Soit que l'on veuille opérer sur Médéah ou sur Milianah par les communications directes, les troupes doivent se concentrer vers la ferme de Mouzaïa, qui, en-deçà des montagnes et à la réunion des deux routes, servirait de poste de soutien. L'ennemi ne connaîtra pas quelle est la ville que l'on se propose d'occuper d'abord; on fera des démonstrations vers l'une pour marcher sur l'autre.

Le Téniah.

Le col dit le Téniah de Médéah (ou de Mouzaïa) a 950 mètres d'élévation au-dessus de la mer; il est à 4 lieues de la ferme de Mouzaïa, située au pied des montagnes (1). En 1836, le chemin, amélioré par l'armée, servit à des prolonges jusqu'au sommet; il serpente et gravit divers contre-forts. En arrivant sur le faîte, il laisse sur la gauche des hauteurs abruptes et boisées dont il faut d'abord s'emparer si la position est

(1) Téniah en arabe signifie col; en disant seulement le Téniah les Français désignent celui de Mouzaïa.

défendue. Le col a un millier de mètres de longueur, et le terrain y est fort accidenté. Au delà de ce passage, la route descend vers le sud, en suivant des pentes excessivement rapides.

Il serait aisé de fortifier le Téniah; trois mamelons isolés y forment un triangle dont les côtés ne dépassent pas la portée du fusil. Sur chacun de ces points on construirait un petit ouvrage en maçonnerie. Le terrain intermédiaire serait destiné au campement des troupes de passage. L'eau et le bois sont à portée des troupes.

Si Médéah et Milianah étaient occupés par nous, ce poste recevrait moins d'extension; mais il serait nécessaire pour assurer la communication avec Alger.

Ville de Médéah.

La ville de Médéah, qui a 8,000 habitants, est située sur une hauteur fort escarpée au nord ouest, et s'abaissant au sud est. Cette ville est bâtie en amphithéâtre; le point culminant à l'ouest se trouve maîtrisé par une maison défensive que l'on nomme la Casbah. Médéah n'a pas d'enceinte proprement dite. Au couchant, elle est défendue par des escarpements et par les maisons qui les couronnent; une petite batterie domine la place du marché. Sur les autres points elle est protégée par de simples murs de clôture. Un aqueduc élevé au travers d'un ravin conduit de l'eau dans la ville, qui se trouve faiblement dominée par le contrefort de la prise d'eau.

Au levant de Médéah on remarque les bâtiments de la ferme du bey. Ils sont à 1,600 mètres de la ville, et au-delà d'un contrefort qui les cache à la vue.

Médéah n'a jamais été défendu contre nous par les indigènes. Serait-ce parce que la position de l'aqueduc domine la ville, et qu'elle est abordable de toutes parts, à l'exception du côté des escarpements? Mais en 1831 la garnison française a long-temps disputé la ville de Médéah; elle occupait en force la ferme du bey. Ce poste éloigné, n'étant pas trop protégé par la garnison, fut souvent compromis.

Si Médéah avait dû être conservé par nos troupes, il eût fallu modifier ses dispositions défensives : la Casbah aurait été mise à l'abri d'un coup de main en l'isolant des autres habitations; une forte redoute eût occupé la hauteur de l'aqueduc; les troupes disponibles pour battre le pays auraient été établies à l'entrée de la ville, ou dans l'intérieur.

OPÉRATION SUR MILIANAH.

Le chemin direct d'Alger à Milianah rencontre des obstacles imposants dans les gorges profondes et boisées du Oued-Ger. Lorsqu'il gagne le faîte des versants du Chélif, il gravit des pentes assez douces et découvertes, qui ne seraient pas un obstacle, même pour l'artillerie de campagne, si elle avait pu arriver jusque là. Dès qu'on aura traversé les défilés du Oued-Ger, le pays n'offrira plus d'obstacles.

La route d'Oran, qui conduit aussi vers Mostaganem, suit la vallée large et ouverte du Chélif. Cette communication parcourt un pays de facile accès jusqu'aux rives de la Mina, à 9 lieues de Mostaganem; le bois manquerait pendant deux marches. Après la Mina, on trouve des terrains boisés qui ne présentent pas un grand obstacle; ils sont peu accidentés. Les collines élevées qui bordent le chemin d'Oran restent toujours éloignées à portée du canon. Mostaganem est à 10 jours de marche de la Chiffa, et à 8 de Milianah (1).

Cette dernière ville a une population de 5,000 âmes ; elle est située sur la croupe d'un contre-fort qui se rattache vers le nord aux flancs abruptes du mont Zaccar. La ville, importante parce qu'elle est une des quatre qui se trouvent dans le bassin du Chélif, est entourée d'un vieux mur d'enceinte de peu de hauteur (2). Dans l'intérieur, plusieurs maisons touchent aux murailles ; au-dehors, des jardins cultivés empêchent de circuler autour de la ville.

Milianah possède deux portes : celle de l'est par laquelle on arrive d'Alger, et celle de l'ouest qui conduit au pont du Chélif. Il n'y a pas de fort proprement dit ; la Casbah, grande maison isolée, est adossée à la muraille dans la partie sud de la ville où se trouvent des rochers à pic et très élevés ; elle sert de caserne, de magasins, et souvent de logement au chef de la ville.

Milianah n'a pas de faubourgs, et les environs sont sans habitations. Les fontaines de la ville sont alimentées par des conduits qui amènent les eaux des sources situées au-dehors.

Milianah est fortement dominée par les hauteurs couvertes d'arbres qui s'élèvent au nord. Il est probable que si l'on occupe ces points culminants, des obus

---

(1) Pour plus de détails sur la vallée du Chélif, voir la note jointe à ma carte du cours de ce fleuve, gravée par ordre de M. le ministre de la guerre.

(2) Ces villes sont Médéah, Milianah, Mazouna, où résident des Coulouglis, et Mostaganem.

forceront les habitants à se rendre. Pour garder Milianah, il faudrait isoler la Casbah des autres habitations, et retrancher une maison près la porte de l'est.

OPÉRATION SUR HAMZA.

Le chemin d'Alger à Hamza a été suivi par nos troupes. Il ne présente de difficultés que sur le mont Hammel, pour parvenir dans le bassin de l'Isser, et pour en sortir vers les collines de Dra-el-Bagal.

Le fort de Hamza est situé à 25 lieues d'Alger et à 28 de Médéah, dans le bassin qui porte ses eaux à la vallée de Bou-Messaoud, près de Bougie. Il occupe le centre d'un pays ondulé, que les Arabes considèrent comme une plaine. Ce fort isolé est un carré étoilé en maçonnerie, dont les revêtements sont en partie détruits. Les Turcs y tenaient habituellement une garnison de 30 hommes qui soutenait l'autorité du kaïd. Ce poste, placé au centre d'un pays ouvert, ne maîtriserait pas les communications; il n'aurait pas d'influence sur les populations dangereuses des montagnes. Les troupes turques campaient passagèrement près du fort, y enfermaient leurs bagages, et s'élançaient à l'improviste sur les tribus ennemies (1).

L'occupation permanente des passages difficiles dans les montagnes serait plus avantageuse que l'établissement d'un poste au milieu de la plaine. Celui de Hamza ne présenterait qu'une station sur la route de

---

(1) Les Turcs avec dix fois moins de monde que nous obtenaient de plus grands résultats; leur organisation doit être méditée; il faudrait la suivre en partie.

Constantine (1); il pourrait au besoin servir d'appui à un corps expéditionnaire.

OPÉRATION SUR MASCARA.

Oran est naturellement la place de dépôt pour les expéditions que l'on fait sur Tlémcen et Mascara. Toutefois, s'il fallait opérer particulièrement sur Mascara et sur Takadempt, le point de départ serait à Mostaganem; en quatre marches, on se rend à Mascara par le chemin suivi en 1835. Quoique la vallée du Chélif ne présente aucun obstacle à la marche d'une armée, on ne saurait proposer d'envoyer un corps de troupes d'Alger à Mascara sans l'approvisionner à Mostaganem.

Mascara, berceau de la puissance d'Abd el Kader, n'est pas aussi peuplée depuis qu'il n'y réside plus habituellement. Cette ville n'a que 7 ou 8,000 habitants; elle est située sur les collines exposées au sud-est qui bordent la plaine de Guerès. Ces hauteurs se rattachent vers le nord aux cimes du petit Atlas, que l'on traverse en venant du littoral. Mascara, entourée d'une bonne muraille, a presque la forme d'un carré long. Le côté du couchant est moins régulier que les autres; là se trouve le fort qui domine les environs. La muraille a de 18 à 20 pieds de hauteur; elle est construite en moellons; son épaisseur est de 6 pieds à la base et de 4 au sommet. Mascara a deux portes principales, et une troisième, qui n'est qu'une sorte de guichet; on y compte cinq faubourgs, dont deux sont séparés de l'enceinte par le ravin profond où coule le Oued-Toud-

---

(2) Les détails sur la province de Constantine se trouvent dans un Mémoire rédigé en 1836.

man. A l'est, un second ravin contourne les approches de la ville et des autres faubourgs.

Cette ville était armée d'une vingtaine de pièces; il ne doit plus y avoir autant d'artillerie depuis qu'Abd-el-Kader en a fait transporter à Takadempt et sur d'autres points.

Mascara ne serait pas probablement plus défendu contre une seconde expédition qu'il ne l'a été en 1835 (1).

OPÉRATION SUR TAKADEMPT.

Afin de ne négliger aucun des points importants qui sont occupés par Abd-el-Kader, je dois citer Takadempt. S'il est possible d'opérer sur Mascara en partant d'Oran, il n'en serait pas de même lorsqu'on marcherait sur Takadempt. La position de cette bourgade n'est pas bien connue; on la dit placée aux sources de la Mina. D'après plusieurs renseignements, elle se trouverait au sud-est et à 29 lieues de Mascara; cette donnée paraît exacte. En réunissant les itinéraires de Mostaganem à Takadempt, le trajet ne serait que de 30 lieues. Cette distance semble beaucoup trop courte, en la comparant avec celle de Mascara; j'y ajouterais 6 à 8 lieues, ce qui donnerait cinq à six jours de marche de Mostaganem à Takadempt, par un pays jadis hostile à l'émir.

Soit que l'on parte de Mascara ou que l'on vienne de Mostaganem, on passe la Mina dans un pays cultivé appelé Fortassa; on y arrive en deux petites journées de Mascara, et en quatre fort courtes de Mostaganem. Il reste une dizaine de lieues à parcourir, et l'on peut suivre deux directions différentes. En remontant la

---

(1) Des détails relatifs à la province d'Oran se trouvent dans un Mémoire de 1835.

Mina, on traverse des gorges difficiles; l'eau et le bois y sont en abondance. En prenant directement vers l'Orient, le pays est d'abord d'un accès facile; mais avant d'arriver à Takadempt, il faut traverser le mont Beni-Médian; on risquerait de manquer d'eau et de bois.

La disposition des constructions de Takadempt ne présente, dit-on, aucune régularité, et rien n'est probablement terminé.

D'après les meilleurs renseignements, on y remarquerait quatre objets principaux, placés l'un à la suite de l'autre; ce sont:

1° Un grand village formé de 4 à 500 cabanes;

2° Le grand fort, vaste caserne défensive, avec quelques embrasures et de mauvais canons;

3° Le petit fort, autre caserne ou magasin de moindre dimension;

4° Enfin une redoute ronde revêtue en maçonnerie et précédée d'un fossé; on y voit une ou deux petites pièces.

Takadempt, qui est comme l'arsenal, la place de dépôt d'Abd-el-Kader, est situé dans un vallon évasé et près d'un ruisseau sur lequel on a construit un moulin à blé. On dit que le village et le grand fort sont dominés vers le nord.

Après la guerre, qui doit être la plus vive et la plus courte possible, viendront les soins et les projets de la paix.

SAINT-HYPOLITE,
Chef d'escadron d'état-major.

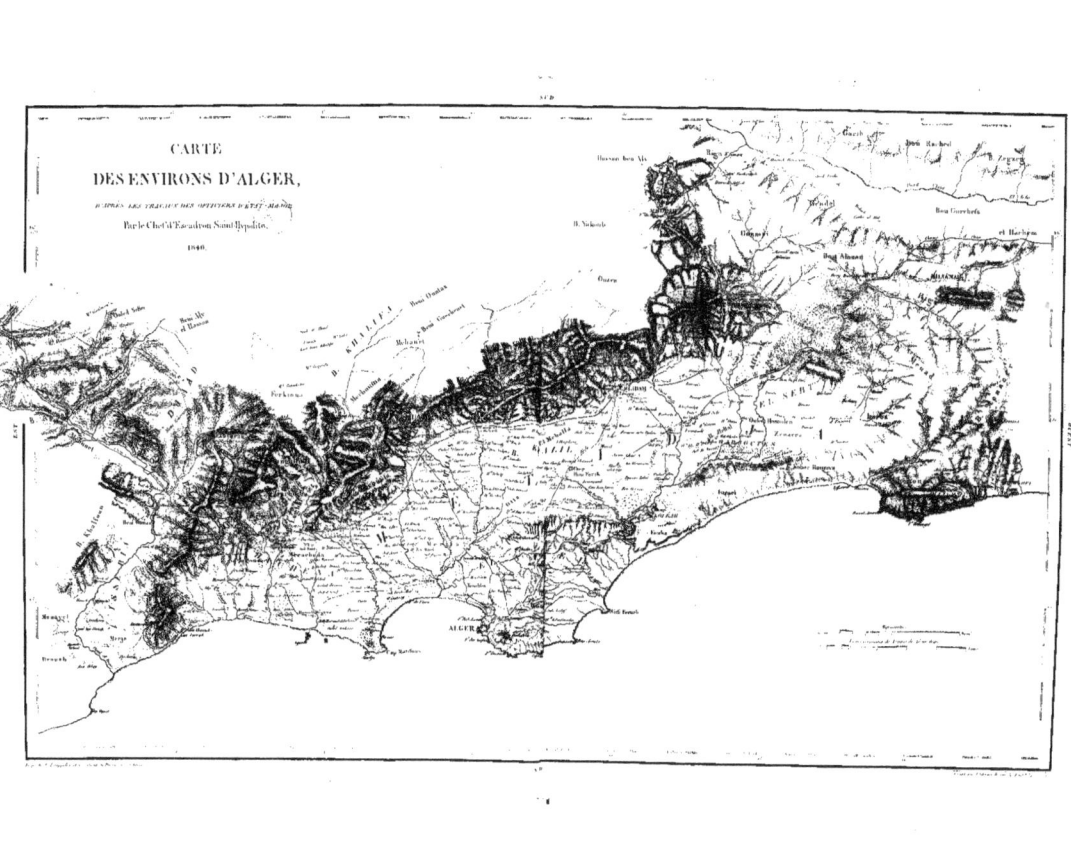

www.ingramcontent.com/pod-product-compliance
Lightning Source LLC
Chambersburg PA
CBHW060909050426
42453CB00010B/1622